L_n^{27} 14300.

I0232151

LETTRE

A MONSIEUR

ÉMILE PÉREIRE

SUR

LA SOCIÉTÉ DES PORTS DE MARSEILLE

Ln²⁷ 14300

Paris. — Imprimerie Va·lée, 15, rue Breda.

LETTRE

A MONSIEUR

ÉMILE PÉREIRE

SUR LA

SOCIÉTÉ DES PORTS DE MARSEILLE

PAR

JULES MIRÈS

BIBLIOTHÈQUE IMPÉRIALE IMPR.

PARIS

IMPRIMERIE VALLÉE, 15, RUE BREDA

1862

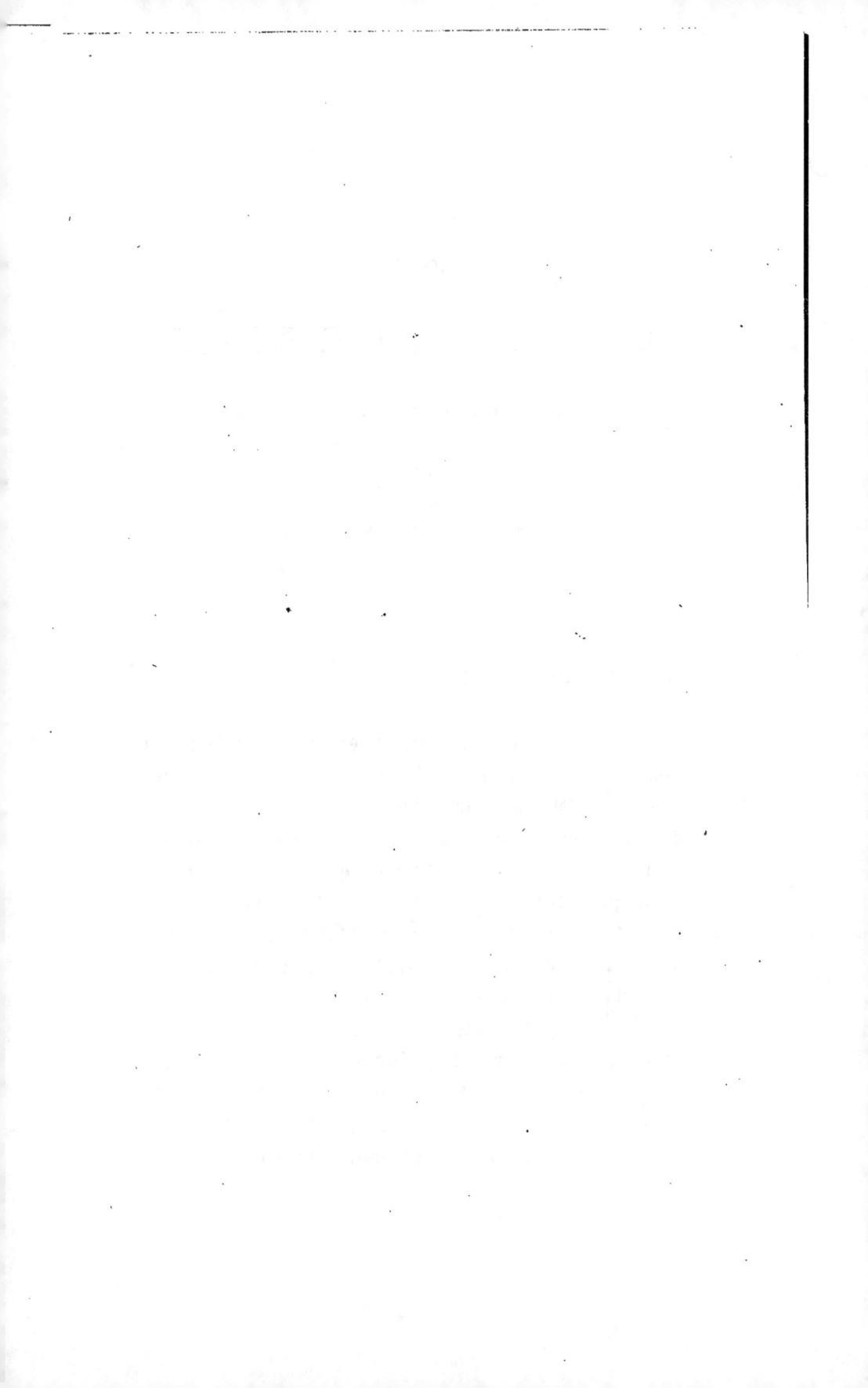

A MONSIEUR

ÉMILE PÉREIRE

Président du Conseil d'Administration

DE LA

SOCIÉTÉ IMMOBILIÈRE DE PARIS

———

Monsieur,

J'ai rencontré sur mon chemin de puissantes inimitiés ; ma carrière financière a soulevé d'ardentes jalousies ; aussi ai-je pu mesurer le degré d'avilissement où peut tomber le cœur humain. Dans le malheur qui m'a frappé, dans cette catastrophe qui a causé tant de ruines, j'ai pu juger à quelles erreurs, à quels crimes les hommes peuvent être entraînés. Cependant il me semblait que dans des circonstances si graves, dans une situation si peu méritée, les hommes supérieurs, intelligents, mêlés aux affaires, devaient être mes plus zélés défenseurs. — Je croyais que ma vie, passée à un crible si serré, que mes affaires appréciées par l'expert à un point de vue si rigou-

1

reusement exclusif, ne permettant pas d'articuler
un seul reproche contre mon honneur, je devais
trouver appui et protection dans le monde financier, et particulièrement parmi les membres qui
composent l'administration du Crédit mobilier.

Dans la sincérité de ma pensée, je me disais :
« Depuis quelques années, une réaction sévit
» contre les affaires et les hommes qui les dirigent;
» dans cette campagne, j'ai, pour ainsi dire, été
» choisi comme représentant plus spécialement
» l'association commanditaire et financière; de
» sorte que, si l'instruction si sévère, dirigée
» contre moi, avait pu aboutir à la constatation de
» faits blâmables au point de vue de la morale et
» de la probité, le contre-coup aurait été certaine-
» ment fâcheux pour les affaires, en donnant rai-
» son aux préventions qui dominent dans certaines
» régions; mais comme il est ressorti de l'examen
» rigoureux de ma vie, de ma gestion et de mes
» affaires, qu'aucun grief ne peut m'être im-
» puté, il en est résulté nécessairement un courant
» favorable qui tend à modifier les sentiments, les
» préjugés, et qui contribuera évidemment à ra-
» mener le corps judiciaire à une plus saine appré-
» ciation des hommes et des choses. »

Il me semblait que cette conséquence forcée, qui
naissait de la scrupuleuse loyauté de ma carrière,
devait me mériter les sympathies et le concours des

sommités financières. Je me suis trompé ; et c'est précisément là que j'ai rencontré les plus vives préventions. Cependant j'avais quelque droit de compter qu'une exception se produirait, et cette exception, c'était vous. — Je me faisais illusion, et le rapport que vous avez présenté aux actionnaires de la Société immobilière m'a cruellement détrompé.

Ce rapport, Monsieur, est un fait aussi funeste, aussi douloureux pour moi, que les actes dont je suis victime depuis deux ans, et qui ont broyé sans pitié les intérêts si nombreux et si respectables que je représente.

En lisant ce rapport, je me suis demandé comment vous aviez pu vous décider à l'écrire ? Quel intérêt vous avez consulté, à quelles craintes vous avez cédé, pour avoir été si partial pour les uns, si injuste pour moi ? Je n'ose pas répondre à ces pensées, mais je le sens, il fallait que vous fussiez sous l'empire d'une terrible et implacable nécessité !

Je m'arrête dans cette voie, Monsieur, je ne vous imiterai pas, et ne ferai que soulever légèrement le voile qui couvre les événements financiers dont la Bourse est le théâtre depuis trois mois, événements qui ont pour point de départ la situation de vos Sociétés de Crédit mobilier espagnol et français, et pour base la Société des Ports de Marseille. Je ne divulguerai pas davantage les fâcheux détails des traités Chaumont-Quitry, Crochard et Hardon, traités auxquels vous avez eu le triste courage de vous associer; mais si je m'abstiens d'approfondir toutes les questions qui se rattachent à ces traités, si sévèrement qualifiés par l'opinion publique, je dois néanmoins m'en préoccuper au nom des intérêts que je représente, comme fondateur, administrateur et enfin comme actionnaire de la Société des Ports de Marseille, Société compromise par les actes accomplis par MM. Chaumont-Quitry, Crochard et Hardon.

Cette obligation est devenue plus impérieuse encore, par suite de la situation blessante que vous me faites, dans le rapport que vous venez de présenter aux actionnaires de votre Société immobilière.

Dans une partie de ce rapport vous dites : « Que » les procès pendants entre l'ancienne et la nou- » velle Société des Ports paralysaient absolument » la mise en valeur des propriétés de la Société. »

Quels sont les procès entre l'ancienne et la nouvelle Société? — Il n'y en a pas un seul. C'est donc une erreur qu'on vous a fait commettre, erreur qui a pour effet de faire peser sur l'ancienne et loyale administration des Ports de Marseille la responsabilité de la gestion déplorable qui lui a succédé.

Vous rappelez ensuite « qu'un traité passé avec » un entrepreneur compromet la sécurité, l'avenir » de la Société, » et, avec un certain artifice de langage, vous rejetez la responsabilité de ce traité coupable sur l'ancienne administration, qui y est complétement étrangère.

Votre intention est si manifeste à cet égard, que dans tout votre rapport, vous ne nommez pas une seule fois MM. Chaumont-Quitry, Crochard et Hardon, auteurs de ce traité ; sans doute parce qu'ils sont les instruments dont vous vous êtes servi pour obtenir la vente à 30 francs le mètre, de 333,300 mètres de terrain, d'une valeur *minimum* de 220 francs le mètre !...

Vous sentez si bien la nécessité de relever la valeur morale de MM. Chaumont-Quitry, Crochard et Hardon, auteurs de cet acte inoui ; que votre langage tend à faire croire que l'ancienne administration a méconnu ses devoirs, quand, au contraire, chacun de ses actes est empreint de probité, de dévouement, et, permettez-moi de le dire, d'intelligence pour les intérêts qui lui étaient confiés.

Votre rapport, Monsieur, n'est pas seulement un acte d'accusation contre l'ancienne administration, c'est aussi la négation de ses efforts et des services qu'elle a rendus à une ville et à une population dont les sympathies m'ont constamment soutenu et accompagné dans les phases douloureuses que j'ai traversées.

Vous dites dans ce rapport : « La prospérité de » cette ville, *née de causes générales !...* » Assurément je ne prétends pas être la cause principale de la prospérité dont Marseille est le centre ; mais vous me permettrez de rappeler qu'en 1852, 1853, et 1854, les espaces qui avoisinent les nouveaux ports, étaient offerts à vil prix, et que personne

n'en voulait; qu'en 1855, 180,000 mètres repré
sentant les surfaces les plus précieuses, celles qui
avoisinent le port de la Joliette, étaient vendus à
25 francs le mètre ; que cette vente, approuvée par
le conseil municipal et le préfet, n'a pas été réa-
lisée, par suite du refus d'approbation de M. Magne,
alors ministre des travaux publics.

Relisez les délibérations du Conseil municipal
relatives à cette vente, à 25 fr., de 180,000 mètres
des terrains les plus précieux, et vous n'y verrez
qu'un seul opposant, M. Gustave Rozan, qui, consi-
dérant ce traité comme désastreux pour les intérêts
municipaux, a voulu que son opposition fût consi-
gnée au procès-verbal.

C'est quelques mois après cette vente non realisée,
de 180,000 mètres à 25 fr., que j'achetai tous les
terrains, c'est-à-dire plus de 400,000 mètres, à 50 fr.
le mètre ; et, si vous aviez été alors à Marseille, vous
sauriez l'étonnement et la joie du public quand
les termes de ce traité furent connus ; vous sauriez
aussi que ce prix de 50 fr. le mètre, paraissait alors si
élevé, que le maire de Marseille, craignant que la nuit ne
me portât conseil et ne me fît changer de résolution,
voulut que le traité, accepté par le Conseil municipal, fût signé immédiatement, c'est-à-dire le jour
même de la délibération.

Si vous aviez habité Marseille, vous sauriez que
c'est à partir de ce moment, lorsque cette immense
quantité de terrains disponibles a cessé d'être
offerte, que la plus-value immobilière s'est révélée

et que Marseille a vu, sous ce rapport, s'élever son immense prospérité.

Je le répète, Monsieur, je n'ai pas l'orgueil de prétendre être la cause unique de cette prospérité, mais j'ai le droit de constater que j'y ai contribué ; qu'elle s'est révélée notamment à la suite de la constitution de la Société des Ports de Marseille, de la fondation des établissements industriels que j'ai créés dans cette ville, et du courant de capitaux que j'ai déterminé vers cette cité.

Vous dites encore « que le quartier de la Joliette » est aujourd'hui désert, malgré l'impulsion que » l'autorité municipale avait donnée et que ce » quartier attend depuis 1859 le concours de l'in- » dustrie privée. »

Ainsi, à vos insinuations contre l'ancienne administration de la Société des Ports, vous ajoutez que malgré l'impulsion donnée par l'autorité, elle n'a rien fait, rien facilité.

N'est-ce rien, Monsieur, que d'avoir affecté, comme l'a fait l'ancienne administration, cinq millions à des constructions, destinées à attirer la population dans ces quartiers, au fur et à mesure que les surfaces étaient conquises sur la mer ?

Vos appréciations, si injustes contre l'ancienne administration, vous ont conduit aux erreurs les plus inconcevables. Ainsi, après avoir dit que le quartier de la Joliette attend, depuis 1859, le concours de l'industrie privée, vous ajoutez que le décret relatif à la rue Impériale est de 1859. Ce décret, Monsieur, a été signé *en septembre* 1860.

Or les études préparatoires pour l'ouverture de cette voie ont été faites en 1861, et vous savez que le 15 décembre 1860, la justice faisait irruption dans les bureaux de la Caisse générale des Chemins de fer et mettait les scellés sur les livres ; que dix jours après, le 24 décembre, un mandat d'arrêt était lancé contre moi ; que, dans le mois de janvier, ma signature était refusée par la Banque de France, qui ne voulait pas que l'Emprunt ottoman se fît ; vous savez, enfin, qu'arrêté le 17 février 1861, la Caisse générale des Chemins de fer a succombé et que, par suite, la Société des Ports de Marseille a perdu son appui financier.

Convenez, Monsieur, qu'en présence de pareils faits, il est inexplicable que vous ayez pu accuser l'ancienne administration de n'avoir donné aucun concours pour faciliter plus promptement l'ouverture de la rue Impériale !

Du reste, si un reproche pouvait être fait à quelqu'un relativement au concours qui a manqué pour la rue Impériale, ce reproche s'adresserait directement à MM. Chaumont-Quitry, Crochard et Hardon, qui se sont emparés de la Société des Ports, sous l'influence de la panique amenée par les poursuites inexcusables dirigées contre moi.

Pour les travaux en cours d'exécution, vous dites que l'ancien conseil d'administration aurait montré de l'indifférence, votre accusation n'est pas mieux fondée car ces travaux n'ont été exécutés de 1856 à 1860, qu'avec les fonds que la Société des Ports a généreusement prêtés à la municipalité ; vous ne pouvez nier ce fait, Monsieur, puisque le jour où j'ai été arrêté, les versements effectués dans la caisse municipale s'élevaient à plus de 18 millions, tandis que les sommes dues effectivement atteignaient à peine 6 millions !

Ah ! Monsieur, le concours de l'ancienne et le mien, pour les grands travaux à accomplir à Marseille, étaient bien autrement puissants que le vôtre, puisque, dans le mois de mai 1858, une Société avait été formée pour l'acquisition, l'expropriation et le nivellement de la vieille ville. (1) Vous savez

(1) Lorsque M. Péreire méconnait la vérité d'une façon si évidente, il me sera bien permis de rétablir les faits, en rappelant les actes que la Société que je gérais avait préparés.

L'acquisition des terrains de la Joliette a été faite le 23 janvier 1856, et immédiatement je recherchais par quels moyens il serait possible de relier les nouveaux quartiers avec le centre de la ville. Cette première étude m'avait conduit à reconnaître que la vieille ville de Marseille, qui formait obstacle à la réunion des nouveaux et des anciens quartiers, que cette vieille ville occupait la surface la plus précieuse.

Mais cette surface, avait le double inconvénient d'être totalement bâtie et de former une immense montagne ; cependant, comme les constructions étaient généralement d'une valeur médiocre, et qu'avec les déblais considérables qu'on serait obligé de faire, il serait facile de conquérir une quantité considérable de terrain sur la mer, je trouvais là des compensations importantes, et je demandais au maire de Marseille de faire faire l'estimation de toutes les propriétés situées dans la vieille ville ; voilà quel fut le résultat de cette première étude :

VIEILLE VILLE DE MARSEILLE

Limites : *Les Terrains de la Joliette — le Vieux-Port — la Cannebière — Le Cours Belzunce La rue d'Aix — Le boulevard des Dames.*

SECTIONS	SUPERFICIE	NOMBRE DE MAISONS	REVENU VRAI	TAUX d'intérêt	VALEUR VÉNALE	PRIX DU MÈTRE	VALEUR DU TERRAIN
SAINT-LAURENT. . .	6 39 23	938	620,000	7 %	8,8 ,000	140	9,000,000
L'HOPITAL. . . .	4 97 48	708	280,000	7 %	4,0 0,000	80	4,000,000
LA MAJOR. . . .	9 46 26	628	376,000	5 %	7,500,000	80	7,500,000
GRANDS-CARMES. .	5 21 87	841	485,000	6 %	8,000,000	160	8,350,000
HOTEL DE VILLE. .	5 61 52	726	927,000	5 %	16,000,000	300	16,800,000
LES AUGUSTINS. .	3 38 14	602	1,184,000	5 %	23,680,000	450	24,200,000
	37 04 50	4,444	3,872,000		68.780,000		69,850,000

Rédigé par le soussigné

Marseille, le 16 mai 1856.

Signé : GAVOTY, Inspecteur des Contributions Directes.

mieux que personne, que le gouvernement, sans même m'avoir appelé, ni entendu, a signifié aux

« La superficie totale de la vieille ville est de 50 hectares environ.
» — Les propriétés bâties et non bâties, appartenant à des particu-
» liers entrent dans ce total pour 37 h. 04,50.
» Cette partie de la ville étant divisée par le cadastre en six sec-
» tions, il a été procédé à l'évaluation distincte de ces six sections.
» Le taux d'intérêt et le prix du mètre varient naturellement
» suivant la position particulière ou l'importance des immeubles que
» composent chacune des sections.
» Ces calculs, recueillis à la suite de recherches longues et appro-
» fondies, sont aussi exacts que possible, sans pouvoir être cependant
» donnés comme l'expression de la vérité la plus absolue.
» Il résulte des études faites, que les immeubles de la vieille
» ville peuvent s'acquérir en moyenne à 200 fr. le mètre carré, et
» que dans le cas où on laisserait en dehors de l'acquisition les
» maisons qui bordent le quai des Augustins, la Cannebière, le
» Cours et la rue d'Aix, le prix du mètre pourrait être réduit à
» 160 francs.
» Le total porté sur le tableau ci-dessus, ainsi que le prix moyen
qui vient d'être indiqué, doivent être augmentés de :
» 10 % pour frais de remploi
» 5 % pour éviction de locataires.

» Pour copie conforme :
» *Le Maire de Marseille,*
» Signé: HONNORAT. »

Le 17 mai 1856 M. Foëx, ingénieur civil et directeur à Marseille de la Société des Ports de Marseille, en m'adressant ce document l'accompagnait d'une lettre dont j'extrais les lignes suivantes:

» M. Delestrac, ingénieur de la ville, voit avec un grand plaisir la
» question de la reconstruction de la vieille ville faire des progrès. Il
» pense que vous devriez donner plus d'extension à votre projet, et
» comprendre dans votre plan d'amélioration toute la partie teintée
» en jaune sur le plan ci-joint. »

journaux l'interdiction de me prêter leur concours
pour la réalisation de ce projet ; vous savez égale-

> » En effet, en ajoutant à la vieille ville la portion comprise entre
> » le boulevard des Dames et le boulevard National, vous tripleriez
> » la surface à améliorer, sans augmenter de plus d'un quart la
> » dépense à faire, ce quartier étant en partie situé hors la ville,
> » bien que compris dans l'octroi.
> » C'est dans les environs du boulevard National que se jetterait
> » en masse la population ouvrière qui serait délogée par la démo-
> » lition des vieux quartiers.
> » La surface approximative de la vieille ville, *rues comprises*,
> » est de 50 hectares ; celle approximative de la 2° partie proposée
> » est de 90 hectares.
> » Veuillez agréer etc.
>
> » *Signé* : E. FOEX. »

A la suite de cette communication, je chargeai M. Nicolle qui,
en qualité d'expert, avait fait les expropriations relatives au chemin
de la Méditerranée, de vérifier le travail ci-dessus. M. Nicolle fit en
conséquence une évaluation de chaque maison rapprochée de la
surface occupée. Ce travail n'a été achevé par M. Nicolle qu'à la fin
de l'année 1857, et c'est dans le mois de mai suivant que j'adressais
à l'autorité une proposition d'après laquelle j'offrais de niveler la
vieille ville et de créer à la place de ces vieux quartiers infects, une
grande et belle cité qui eut été sans rivale dans le monde.

Qu'on juge de ce qu'aurait été une ville occupant une surface de
150 hectares, ou 1,500,000 mètres, ville entièrement nouvelle !

Pour accomplir cette œuvre, je ne demandais que l'abandon des
surfaces à conquérir sur la mer, quelques facilités d'exécution,
quelques immunités d'impôt pendant une certaine période et une
subvention en espèces de trente-cinq millions !

Cette proposition a été publiée, M. E. Péreire la connaît aussi,
il sait qu'elle a été entravée par le gouvernement à la suite d'un
conseil des ministres, et cependant il accuse l'ancienne administration de la Société des Ports de Marseille de n'avoir rien fait pour
l'intérêt public !...

ment, *mieux que personne*, que le préfet des Bouches-du-Rhône et la municipalité de Marseille furent prévenus que le projet que j'avais formé était condamné par le gouvernement !

Voilà, Monsieur, ma réponse à cette partie de votre rapport, empreint d'un sentiment si malveillant pour d'honnêtes gens.

Vous dites aussi ; « *que les terrains de la Joliette* » *sont dans des conditions difficiles sans l'ouverture* » *de la rue Impériale.* »

Cependant, en 1857 et 1858, les terrains se vendaient encore à 125, 150 et 180 francs le mètre dans les rues; ils valent 300 à 400 francs sur la place de la Joliette, et plus do 500 francs sur le port de la Joliette. Mais il est parfaitement vrai que, lorsque la rue Impériale sera ouverte, leur valeur sera infiniment plus grande. C'est pour cela que vous vous êtes hâté de vous en emparer à vil prix, à 30 francs le mètre ! pour attribuer la plus-value acquise à vos Sociétés Rivoli, Magasins généraux, pour compenser l'onéreux traité que vous avez passé pour la rue Impériale et enfin pour pouvoir , avec ce bénéfice, distribuer des dividendes à vos Sociétés du Crédit-mobilier français et espagnol !

Vous ajoutez « que la Société des Ports se trou- » vait liée par un traité qui attribuait à un entre- » preneur, pendant dix ans, le droit exclusif d'opé- » rer toutes les ventes et toutes les locations de » terrains, moyennant une commission de 2 1/2 » 0/0, en lui attribuant en plus la moitié de la prime

» de toutes les actions au-dessus de 500 francs. »

Pourquoi ne pas dire ce que vous savez, que ce traité est contraire aux statuts, qu'il n'a pas été fait conformément aux bases présentées aux actionnaires, qu'il n'a pas été soumis à leur approbation; que le ministre a été saisi de cette infraction aux statuts ; que les tribunaux sont appelés à prononcer la nullité de ce contrat ? Pourquoi ne pas dire qu'il est l'œuvre de la nouvelle Société et qu'il a été fait entre MM. Chaumont-Quitry, Crochard et Hardon, c'est-à-dire par les hommes qui vous ont vendu pour la somme de dix millions, un actif, net de toute charge, d'une valeur réelle de plus de SOIXANTE millions?

Pourquoi ne pas faire connaître la convention que vous avez passée pour le rachat de ce traité ? On dit que vous avez alloué pour cet objet trois mille actions que vous avez évaluées à 1000 fr. l'une, soit par conséquent trois millions !

Vous saviez cependant les moyens qui ont été employés pour parvenir à conclure ce traité; vous saviez que c'était par l'annonce d'un intérêt plus élevé sur les actions, intérêt promis par M. Hardon, qu'on a obtenu les pouvoirs pour traiter dans les limites des statuts. Vous ne pouvez ignorer qu'après avoir fait ce traité dans des termes contraires aux statuts et dans des conditions autres que celles annoncées aux actionnaires, MM. Chaumont-Quitry, Crochard et Hardon ont changé de système à l'égard des actionnaires; qu'ainsi aux dividendes élevés qu'ils avaient fait espérer et qu'ils distribuaient avec le capital social, ils ont fait succéder la perspective de la faillite pour influencer les votes et arracher à une assemblée docile et préparée, la fusion arrêtée entre vous et MM. Chaumont-Quitry, Crochard et Hardon !....

Je vous reprochais tout à l'heure votre partialité en faveur de ces derniers; mais, j'en conviens, vous leur devez de la reconnaissance, puisque dans votre rapport vous dites nettement « que *votre* So- » ciété *profitera des avantages de ce traité.* » Héritier de cet acte, pouvez-vous le condamner ?...

En effet, vous ne pouviez blâmer MM. de Chaumont-Quitry et Crochard d'avoir fait ce traité qui, sans motif, sans compensation, attribue à un entrepreneur, sur l'actif de la Société des Ports, une somme qui peut atteindre trente millions ; je dis que vous ne pouviez exprimer un blâme à cet égard, puisque vous étant emparé de ce même traité, vous ne vous êtes plus contenté de la part réservée à l'entrepreneur, et vous avez aggravé le préjudice éprouvé par la Société des Ports, préjudice que la fusion que vous avez préparée porte au chiffre énorme de *cinquante millions.* Vous ne pouvez contester ce chiffre, car en échange d'un actif de *soixante millions,* net de toute charge, vous attribuez aux actionnaires de la Société des Ports une somme effective de *Dix millions.* En outre, par un raffinement d'habileté, vous mettez, en partie, à la charge de cette Société, les frais de résiliation de cet étrange et inqualifiable traité !

Ah ! Monsieur, on comprend que vous vous montriez si favorable à MM. Chaumont-Quitry, Crochard et Hardon, que vous devanciez en leur faveur les arrêts de la justice, en disant « qu'il » ne dépendait pas de la Société des Ports » d'obtenir la résiliation du traité Hardon. »

Comment un traité léonin, contraire aux statuts, obtenu par des manœuvres, sans précédent dans l'industrie, un traité qui n'a reçu des actionnaires aucune ratification, serait-il maintenu par les tribunaux ? Vous ne sauriez raisonnablement l'affirmer. Par conséquent, votre langage n'a qu'une signification, c'est que les auteurs du traité ne pouvaient en demander eux-mêmes la nullité. Mais vous conviendrez que, si la Société des Ports n'était pas administrée par MM. Chaumont-Quitry et Crochard, nul ne doute que le traité serait depuis longtemps frappé de nullité, que, dès lors, il n'eût pas été nécessaire de payer son rachat, dit-on, la somme de 3 millions, et de subir les conditions léonines que vous avez imposées en vertu de ce traité.

J'arrive maintenant à la partie de votre rapport qui m'est personnelle. Dans ce rapport, destiné à une immense publicité, vous « rappelez le procès » fait à l'ancien gérant, à raison d'une réclamation » formée par les actionnaires pour un rembourse- » ment de cinq millions. »

Un remboursement de cinq millions ! Il y a donc

eu un prélèvement fait indûment! Comme cette accusation, livrée à la publicité, est digne et loyale! Mais comment excuser cette phrase de votre part, lorsqu'on sait que vous m'avez fait proposer par M. X. de faire voter par l'assemblée des Ports une approbation de mes actes, de ma gestion, qui mettrait à néant toute réclamation, si je m'abstenais de toute opposition à la fusion que vous aviez préparée avec l'honorable concours de MM. Chaumont-Quitry, Crochard et Bouillon?

Cette offre sans dignité, je l'ai repoussée; je ne transige jamais sur les questions de cette nature. Si j'ai eu des torts, tant pis pour moi; je ne les rachète pas par des complaisances coupables.

Ce refus d'adhérer à votre proposition a excité votre colère; je le regrette pour vous.

Mais puisque vous vous êtes associé aux accusations de MM. Chaumont-Quitry, Crochard et Binet, parlons donc de ce procès des cinq millions, fait seulement et uniquement par ces honorables personnages.

En janvier 1856, pendant la guerre de Crimée, j'ai acheté, pour mon compte personnel et à mes périls et risques, 400,000 mètres de terrains, situés sur les nouveaux Ports de Marseille. Cette acquisition fut faite à raison de 50 francs le mètre, soit ensemble vingt millions de francs.

A la fin du mois de mars suivant, lorsque la paix assurée donnait à tous les éléments de la richesse publique une plus-value considérable, je fondais

2

avec plusieurs intéressés, la Société des Ports de Marseille, ainsi que le constate l'acte passé à cette date devant Me Gossart, notaire.

L'article 5 de cet acte stipule que M. Mirès et ses co-fondateurs apportent :

1° Le traité passé avec la ville de Marseille ;

2° Une somme de vingt millions.

L'article 7 porte qu'en échange de cet apport les cent mille actions, représentant le fonds social, *appartiennent* aux fondateurs, tous dénommés dans l'acte.

Vous le voyez, Monsieur, les actions appartenaient aux fondateurs ; ils avaient la liberté de les vendre selon leur convenance :

En mars et avril 1856, une souscription a été ouverte *par la Caisse générale des chemins de fer*, pour 36,000 actions au prix de 250 francs l'une.

Comme le versement de 20 millions ne représente pour cent mille actions que 200 francs l'une, il y avait donc une différence de 50 francs par action au profit des fondateurs ; cette différence appliquée aux 36,000 actions offertes au public représentait un bénéfice brut de 1,800,000 francs ; sur ce bénéfice il a été prélevé une commission de banque de 750,000 fr., payée à la Caisse des chemins de fer, indépendamment des frais de publicité, etc., etc.

Veuillez remarquer, Monsieur, que lorsque, le 17 février 1861, je fus arrêté, le portefeuille de la Caisse générale des chemins de fer possédait 13,151 actions de la Société anonyme des Ports, soit l'équivalent de 43,735 *actions anciennes* !

Mais cette observation tout accidentelle n'est nullement destinée à justifier la différence entre le prix des actions acquises à 200 francs et l'émission de 36,000 actions à 250 francs. Cette différence de 50 francs par actions est la représentation des frais de toute nature et le bénéfice légitime des fondateurs, bénéfice approuvé par les assemblées, par le ministre des Travaux publics, par le conseil d'État.

Mais en admettant que la souscription eût été ouverte pour les cent mille actions, au lieu d'être limitée à 36,000 actions, la différence de 50 francs par actions, qui forme cinq millions, n'était-elle pas destinée en même temps à couvrir les frais relatifs à la négociation des titres souscrits par les fondateurs, à solder les frais de banque, de publicité, etc., etc., et, enfin, à fournir à l'acquéreur et aux fondatuurs une juste indemnité? Du reste l'emploi de cette somme qui était la propriété des fondateurs, à charge par eux de supporter les frais et les chances de la négociation des titres, cette somme a été l'objet de la plus rigoureuse attention et vous reconnaîtrez que, dans cette circonstance comme toujours, j'ai demandé à faire la lumière ; même, lorsque toute poursuite avait cessé, je m'expliquais ainsi dans la première lettre que j'ai écrite à M. Dupin :

« Cette somme, monsieur le Procureur général, est tout
» simplement un bénéfice fait par moi et approuvé par le Mi-
» nistre des Travaux publics, ainsi que par le conseil d'État;
» bénéfice résultant de l'achat fait pour mon compte personnel
» de vingt millions de terrains pendant la guerre de Crimée,
» et de la revente de ces mêmes terrains à une Société, lors-
» que la paix assurée, consolidée, avait élevé à un si haut
» cours le prix de toutes les valeurs.

» Cette somme de cinq millions, *qui était ma propriété per-*
» *sonnelle*, puisque l'achat des terrains, formant la nouvelle
» ville de Marseille, avait été fait pour mon compte, à mes
» risques et périls, cette somme, dis-je, a été affectée àsolder
» les frais de publicité, les commissions de banque, le concours
» des capitaux. Les livres de la Caisse générale des chemins de
» fer renferment un compte spécial de l'emploi de ces cinq
» millions. Vous remarquerez, Monsieur, que rien, absolument
» rien, ne m'obligeait à ouvrir ce compte, puisque, je le répète,
» cette somme était ma propriété.

» Cependant, voulant vous édifier complétement sur mon
» désintéressement comme sur la loyauté de mes actes, je
» vous signalerai les pièces qui pourront former votre con-
» viction sur ce point, qui a si particulièrement attiré votre
» attention.

» Vous trouverez l'emploi de cette somme, dont cependant je
» ne dois compte à personne :

» 1° Dans l'expertise Monginot, page 38, où vous verrez le
» détail des dépenses s'élevant à la somme de 2,400,000 fr.;

» 2° Sur les livres de la Caisse des chemins de fer, qui sont
» à la disposition des liquidateurs judiciaires et par conséquent
» sous votre main. Vous y trouverez l'emploi complet des cinq
» millions, et vous y lirez, aussi clairement que possible,
» que ma part s'est élevée à 1,062,295 fr., soit 5 p. 100
» sur le montant de mon acquisition ; bénéfice unique que j'ai
» eu dans cette affaire, dont toute la responsabilité a pesé
» sur moi pendant plusieurs années, avant sa constitution
» en Société anonyme.

» Je vous ai demandé de consacrer une heure à la vérifica-
» tion de l'erreur manifeste de l'expertise relative aux préten-
» dues ventes consignées dans l'annexe principale. Je vous ai

» supplié de consacrer une autre heure à la vérification de la
» fausseté des assertions de l'expert relativement au bénéfice
» prétendu de deux millions sur ces ventes ; vous n'aurez besoin
» que de cinq minutes pour vérifier l'emploi des cinq mil-
» lions. »

Pensez-vous, Monsieur Péreire, que les traités relatifs aux chemins de fer de la Teste et de Montereau à Troyes pourraient s'expliquer aussi clairement, aussi loyalement ?

Mais je reviens à ce procès que vous m'avez fait proposer d'éteindre, si je gardais le silence et devenais le complice de la spoliation des actionnaires de la Société des Ports.

Vous savez qu'il n'a été intenté que par MM. Crochard et Binet, nouveaux administrateurs de la Société des Ports.

Ces messieurs ont prétendu, *en novembre* 1861, quand j'étais sous les verrous, qu'ils avaient été trompés par les annonces faites six ans auparavant, dans le mois de mars 1856. Pour justifier leurs prétentions, ils ont soutenu devant la justice que les actions qu'ils présentaient étaient les actions qu'ils avaient souscrites en mars 1856.

A l'audience, on leur a jeté à la face les actions qu'ils avaient souscrites et qu'ils avaient vendues avec une prime relativement considérable. On leur a dit le nom, l'adresse de leurs acheteurs, et, en présence de ces preuves, ils ont avoué que les actions qu'ils présentaient, avaient été achetées à la Bourse en

1857 et 1858. Ils spéculaient en trompant la justice !

En outre, le Tribunal avait dans ses mains les actions de la Société des Ports, au dos desquelles se trouvaient les statuts, ce qui ne permettait pas de prétexter d'ignorance.

Le tribunal avait dans ses mains le dossier du ministre du commerce, relatif à la demande en Société anonyme, et il a pu voir en toutes lettres que l'actif des Ports était de 33,500,000 francs, somme de beaucoup supérieure à celle de 25 millions, représentée par les cent mille actions de la Société, sur lesquelles 36,000 seulement furent émises primitivement sur le pied de 250 francs.

Le Tribunal avait, en outre, à sa disposition les preuves que M. le ministre du commerce avait reconnu la légitimité des apports ; que le Conseil d'État les avait sanctionnés, etc., etc.

Mais, direz-vous, le Tribunal a cependant accueilli la demande de MM. Crochard et Binet. Permettez-moi de garder le silence à cet égard ; de nouveaux débats s'ouvriront bientôt, et je puis d'avance vous assurer que M. Binet lui-même, est tellement étonné du succès qu'il a obtenu, qu'il en éprouve réellement de l'embarras.

Quoi qu'il en soit, et je l'avoue franchement, si, dans votre rapport, ma personne et mes intérêts avaient été seuls en cause, je ne vous aurais pas écrit cette lettre, car les injustices des hommes ne peuvent plus guère me blesser, et ma fibre a été soumise à de telles épreuves, que je ne

sais quelles atteintes nouvelles pourraient me sur-
prendre.

La modération avec laquelle je vous rappelle un
passé si cruel pour moi et si près de nous, vous
donnera la conviction que, dans cette circonstance,
je subis une nécessité, en défendant des intérêts
qui me sont chers, intérêts livrés, sacrifiés par des
mandataires chargés de les défendre.

Le principal motif qui m'a décidé, à mon grand
regret, à combattre la fusion que vous avez conclue
avec MM. Chaumont-Quitry, Crochard et Hardon,
c'est la profonde iniquité qui lui sert de base. Quand
je dis que c'est avec le plus grand regret que je
repousse la fusion, je suis très-sincère ; car une des
propositions soumises à l'assemblée des Ports de
Marseille et inscrite au procès-verbal, proposition à
laquelle j'adhère, admettait en principe la fusion,
uniquement pour faire passer dans vos mains l'administration de cette affaire. La seule objection était
relative à la répartition léonine du capital, capital
attribué dans des proportions démesurées aux
Sociétés que vous représentez, au préjudice de la
Société des Ports, dont l'actif est le plus considérable et qui ne reçoit presque rien.

C'est donc sous le rapport de la répartition du
capital qu'il est utile de faire l'examen de chacune
de vos Sociétés et vous trouverez naturel que je
commence par la Société la plus favorisée, *la Société
Immobilière*. Son capital est de 24 millions.

Elle a emprunté sur ses immeubles une somme de quarante millions au Crédit foncier.

Elle a émis dix-huit millions d'obligations.

De sorte qu'elle doit 58 millions.

Elle possède :

1° L'hôtel du Louvre ;

2° Le Grand Hôtel ;

3° Une maison rue Rivoli ;

4° Neuf maisons situées aux Champs-Elysées, rue Marbeuf et rue Magenta.

5° 22,000 mètres de terrains dans le quartier Malesherbes.

6° Les maisons du boulevard des Capucines.

Toutes ces valeurs représentent donc environ une somme de 82 millions, soit 24 millions de capital et 58 millions d'emprunt.

Certainement ces valeurs sont excellentes, mais nul ne consentira jamais à attribuer à l'hôtel du Louvre et au Grand Hôtel un prix immobilier égal à celui que ces hôtels ont coûté ; cependant en admettant que dans l'inventaire de l'actif de votre Société immobilière ces hôtels entrent pour leur prix de revient, on ne trouvera pas dans l'emploi de cette somme, la justification d'une plus-value de 82 p. 0/0 du capital au profit de cette Société, plus-value incroyable que vous avez stipulée dans la fusion. Et il faut que vous soyez bien convaincu que rien ne

justifie la répartition du capital que vous avez faite,
d'accord avec MM. Chaumont-Quitry et Crochard,
pour que vous refusiez avec tant de chaleur l'expertise des valeurs mises en commun. La moindre
vérification vous contrarie, vous blesse ; la lumière
vous offusque.

Les Magasins généraux

Cette Société, héritière d'une malheureuse affaire,
est de constitution bien récente, et porte dans ses
flancs des blessures bien vives que le conseil d'État
a couvertes en autorisant l'évaluation à 12,500,000
fr. d'un actif qui est en réalité inférieur ; cependant
la fusion assure à cette Société un bénéfice considérable, puisqu'elle reçoit environ 17 millions soit une
plus-value de 40 0/0 sur une valeur déjà surfaite.

La rue Impériale de Marscille.

Vous avez acheté 67,000 mètres de terrain au
prix de 300 francs le mètre, soit 360 fr. le mètre
avec les frais, les pertes d'intérêt pendant trois ans.

Si de ce chiffre je déduis le bénéfice présumé de
2,100,000 fr. sur les travaux, le prix des terrains
baissera à 330 fr. le mètre.

Vous avez pris l'engagement de bâtir cette rue

en deux années ; toutes les personnes qui connaissent ces sortes d'affaires n'hésitent pas à affirmer que les terrains bâtis perdent de leur valeur, que les constructions nombreuses faites dans un temps très-rapproché et sans que des besoins impérieux les déterminent, ont le double inconvénient de coûter cher et de se louer bon marché.

La rue Impériale étant le seul apport, dans la fusion, qu'il soit possible d'apprécier et de comparer avec l'actif de la Société des Ports de Marseille, vous me permettrez de vous faire observer que les terrains situés dans la rue Impériale ont une valeur moins considérable que les terrains de la Société des Ports situés sur le quai de Joliette, auprès de la cathédrale, sur la place de la Joliette. enfin sur le Boulevard Maritime.

Cependant, admettons que l'ensemble des terrains de la Société des Ports soit d'une valeur comparative avec la rue Impériale comme deux est à trois, les terrains vaudraient par conséquent au moins 220 fr. le mètre ; ils jouissent en outre d'un avantage relativement bien grand, celui de n'être pas assujettis à une servitude ruineuse, comme l'obligation de bâtir dans une courte période.

Vous remarquerez, Monsieur, que les terrains de la Société des Ports ayant une valeur de 220 fr. le mètre, l'action de cette Société a, par conséquent, une valeur effective, réelle, de 2,200 fr. ; mais, comme dans la fusion les actions de votre Société immobilière d'une valeur effective de 100 fr.

entrent chacune pour 182 fr., soit une plus-value
de 82 p. 100, il en ré ulte que les actions de la
Société des Ports ont comparativement une valeur
de 4,000 fr. chacune.

Ce sont cependant ces actions qui représentent
une valeur réelle de 2,200 fr. et une valeur comparative de 4,000 fr. chacune, qui ne reçoivent dans
la fusion qu'un prix effectif de 275 fr. ou un prix
comparatif de 500 fr.!

Or, le prix effectif de 275 fr. fait descendre la
valeur des terrains à 30 fr. le mètre, et le prix
comparatif de 500 fr. porte à 50 fr. le mètre, la
valeur des terrains appartenant à la Société des
Ports.

Ainsi, 30 fr. le mètre, voilà le prix réel auquel
MM. Chaumont-Quitry et Crochard, vous ont vendu
333,000 mètres de terrains d'une valeur minimum
de 220 fr. le mètre!

Voyons, Messieurs, une répartition de capital qui
a une telle base, est-elle loyale, est-elle admissible?

Vraiment, on croirait à la façon dont vous avez
traité cette affaire avec MM. Chaumont - Quitry,
Crochard et Hardon, que les plus simples notions
administratives ont cessé de régler ces sortes d'affaires. Ne dirait-on pas que les pièces ont disparu,
et que le dossier relatif à la Société des Ports de
Marseille n'a laissé aucune trace dans les bureaux
du ministère? Vous vous trompez, Monsieur, les
pièces sont encore à leur place, et certainement
elles seront consultées ors qu'il s'agira de fixer

la valeur effective et comparative des apports.
Or, que trouvera-t-on parmi ces pièces? On trouvera qu'en 1858, lorsqu'une enquête fut ordonnée,
avant d'autoriser la Société anonyme, l'actif social
de la Société des Ports de Marseille, *dégagé de toute
charge*, s'élevait à 23,500,000 fr., soit une valeur
réelle de 782 fr. par action.

Depuis cette époque, la rue Impériale est décrétée,
l'expropriation est faite et l'ouverture assurée dans
une courte période. En outre, le Port est achevé,
les Docks et la Gare seront sous peu de jours en
pleine activité; enfin, la Société a employé cinq
millions à des constructions.

Est-ce qu'il ne résulte pas de tous ces faits une
plus-value considérable pour les terrains de la
Société des Ports?

Poser cette question, c'est la résoudre.

Comment donc avez-vous pu penser que le ministre du commerce et le conseil d'État ne seraient
que des instruments serviles destinés à favoriser
vos projets?

Comment avez-vous pu supposer que l'autorité
approuverait la cession abusive qui vous a été faite
à vil prix par MM. Chaumont-Quitry et Crochard?

Je lis votre réponse dans votre rapport : « Les
» projets de traité passés avec la Société des Ports
» et des Magasins généraux ont déjà reçu l'appro-
» bation de leurs assemblées générales; l'une, celle
» des Magasins généraux, par un vote unanime;

» l'autre, celle des Ports de Marseille, *à la majo-*
» *rité de* 1,175 *voix contre* 243. »

Les Magasins généraux ont, en effet, voté à l'u-
nanimité ; la société Rivoli également. Cela se con-
çoit de la part de Sociétés si largement favorisées
aux dépens de la Société des Ports ; mais le résultat
de l'assemblée des Ports n'est pas accusé loyalement
dans votre rapport, car le vote n'a pas eu pour base
le nombre de voix, comme vous le dites, c'est le
nombre des actions représentées qui a formé la
majorité ; or, cette majorité n'a été que de 312 actions,
soit un pour cent du capital social.

Et il faut ajouter que, si les liquidateurs de la
Caisse générale des chemins de fer avaient fait le
dépôt des 600 actions que je possède, dépôt que par
acte judiciaire j'avais demandé, *la majorité de* 312
actions serait devenue une minorité et la fusion eût
été rejetée.

Mais puisque le vote de cette assemblée est votre
point d'appui, voyons, parlons de cette assemblée ;
elle vaut la peine qu'on en dise un mot.

Et, d'abord, qui donc était au bureau ? M. Delorme, le représentant de la maison Rougemont de
Lowemberg, de cette maison qui a fondé avec
vous la société des Magasins généraux, et qui possède encore toutes ses actions, malgré tant d'efforts
tentés pour les vendre.

Quel était le personnel qui composait l'assemblée
et vociférait pour empêcher toute discussion ? On
remarquait les employés du Crédit Mobilier, les em-

ployés du chemin de fer du Midi, de la Société immobilière, etc., etc.; puis M. X. le fondateur de
votre société des Magasins généraux, et, enfin, un
certain duc, porteur de 7,000 actions de Rivoli, etc., etc.

Dans la minorité se trouvaient MM :

MM.	X.	porteur de	531
	X.	—	450
	X.	—	300
	X.	—	250
	X.	—	200
	X.	—	196
	X.	—	120
	X.	—	100
	X.	—	60
Enfin moi-même porteur de			625
Ensemble :			2,832

Les noms des actionnaires, propriétaires des actions ci-dessus désignées, sont inscrits sur la liste
de présence et presque tous sont des actionnaires
anciens ou de fondation.

Croyez-vous qu'une majorité de 1 p. 0]0 du capital,
composée comme je l'ai rappelé, exercera sur le
ministre du commerce et le Conseil d'État une
influence plus grande qu'une minorité loyale et sin-
cère, représentant un intérêt important, minorité qui
ne demande que l'évaluation de son actif, et qui

laisse à l'administration supérieure le soin de désigner elle-même les experts?

Pour avoir des doutes à cet égard, il faut être bien outrecuidant. Quant à moi, j'ai la plus intime conviction que l'autorité ne rendra aucune décision entachée d'immoralité, et j'ai à cet égard une sécurité absolue.

Cette minorité que le président de l'assemblée a si fort maltraitée, quelles étaient ses prétentions?

Elle voulait un ajournement à un mois, afin d'avoir le temps de négocier avec la Société de la Méditerranée et la Société des Docks de Marseille, disposées à acquérir tous les terrains de la Société des Ports.

M. de Chaumont-Quitry, président de l'assemblée, et M. Delorme, le représentant des Magasins généraux, formant la majorité du bureau, ont refusé de mettre cette proposition aux voix, sous le prétexte que les statuts s'y opposaient; ce qui n'est pas exact.

Cette minorité demandait encore la nomination de commissaires qui feraient une étude des questions soulevées par la fusion proposée et feraient leur rapport à une nouvelle assemblée.

MM. de Chaumont-Quitry et le représentant de la Société des magasins généraux, ont refusé de mettre aux voix cette proposition, sous le prétexte inexact que les statuts s'y opposaient.

Enfin, le Président a même refusé de donner lecture d'une troisième proposition, dont je reproduis ici le texte :

« Les actionnaires soussignés, tout en déclarant ne point
» être opposés à une combinaison qui remettrait aux mains
» de M. Emile Péreire l'administration de la Société des
» Ports de Marseille, et à ce point de vue, adhérent au
» principe d'une fusion, mais croient cependant devoir faire
» observer qu'ils ont des doutes sur la validité d'une fusion
» entre la Société essentiellement immobilière des Ports
» de Marseille, et la Société des hôtels du Louvre et du
» Grand-Hôtel, dite Société immobilière, et les magasins
» généraux, Société essentiellement commerciale.

» Sous la réserve de cette observation, les soussignés
» déclarent ne pas faire opposition à une fusion, pourvu
» que l'actif et le passif de chaque Société, représentant
» les apports de chacune d'elles, soient préalablement
» soumis à l'estimation de trois experts que désignerait
» M. le Ministre du commerce, et que la répartition du
» capital de la nouvelle Société soit déterminée par le ré-
» sultat de cette expertise, et nullement d'après le cours
» de la Bourse. »

Le cours de la bourse ! Voilà le régulateur que
vous avez admis ; voilà la base que vous avez adop-
tée. Le cours de la bourse pour les actions de la
Société immobilière, invendables à 130 fr. trois
mois avant ; actions que vous avez fait monter à
270 fr. pour donner une raison apparente à l'étrange
absorption que vous avez faite !

Je vous le demande, Monsieur, cette minorité si
opprimée, pouvait-elle exprimer avec plus de modération, avec un sentiment plus réservé des récla-
mations les plus légitimes? Pouvait-elle exprimer un

vœu plus équitable, plus loyal ? Cependant M. de Chaumont-Quitry, appuyé par M. Delorme, représentant des Magasins généraux, n'a pas voulu donner lecture de cette proposition, et c'est grâce à l'insistance de l'un des scrutateurs qu'elle a été annexée au procès-verbal.

Pour en finir sur la moralité de cette assemblée, je vous ferai observer que les annonces de convocation n'ont été insérées *qu'une fois*, qu'elles ont indiqué la clôture du dépôt des actions pour le 19 octobre, et que la clôture a eu lieu le 18, à deux *heures de l'après-midi*, du moins en apparence.

Mais, il y a à toute chose une morale ; c'est le but effectif que l'on poursuit, qui éclaire toutes les questions et donne aux choses leur signification.

Il y a peu de mois, vous avez provoqué à la Bourse un grand mouvement de hausse ; les actions du Crédit mobilier français, de 850 francs, sont montées à environ 1300 fr. ; les actions du Crédit mobilier espagnol, de 500 fr., ont atteint le prix de 900 fr.

Les observateurs, en étudiant vos affaires, n'ayant pas découvert la nature des bénéfices que vous avez pu réaliser dans cette année, puisque vous n'avez conclu aucune nouvelle opération pour le compte du Crédit mobilier français, ont dû rechercher dans la hausse de certaines de vos valeurs l'explication du mouvement hardi que vous avez provoqué.

Quant au Crédit mobilier espagnol, l'emprunt municipal de 7,500,000 francs que vous avez conclu à Madrid n'explique pas davantage une hausse de 400 fr. sur 120,000 actions, soit un accroissement de capital de 48 millions.

Pourquoi donc cette hausse s'est-elle produite sur les actions de ces deux Sociétés, et qu'est-ce qui la justifie ? Voilà ce qu'on a cherché à connaître.

Alors on s'est souvenu que vous avez employé une partie des fonds du Crédit mobilier espagnol en actions de la Société immobilière ; que le Crédit mobilier français avait dans son portefeuille une quantité considérable de ces mêmes actions, et on en a conclu que le dividende de 1862 pour vos deux Sociétés de Crédit mobilier, se composerait en partie, de la plus-value obtenue sur les actions de votre Société immobilière, au moyen de l'absorption de la Société des Ports de Marseille.

Cette opinion est corroborée par le rapport que vous venez de publier et dans lequel on lit que l'acquisition de la rue Impériale de Marseille a été faite pour le compte des Sociétés de Crédit mobilier français et espagnol; que ces Sociétés en font apport à la Société fusionnée, et qu'elles recevront 36,000 actions, en échange d'une somme en espèces de 18 millions!

Maintenant récapitulons les bénéfices que cette absorption de la Société des Ports de Marseille assure à vos deux Sociétés de Crédit mobilier.

1º 36,000 actions de 500 fr. provenant du traité relatif à la rue Impériale de Marseille; ces actions, grâce à l'actif de la Société des Ports, qui s'élève à plus de 60 millions, et à laquelle on n'attribue que

10 millions, atteindront probablement 750 fr. l'une, la prime de 250 fr. donnera un bénéfice de . . . . 9,000,000 fr.

2° Environ 100,000 actions de votre Société immobilière d'une valeur de 100 fr., achetées en moyenne à 140 fr. ; ces actions, grâce à l'absorption de l'actif des Ports, ont une valeur de 275 fr. et représentent un bénéfice de 135 fr. par action, et pour 100,000 actions un bénéfice total de 13,500,000

Ensemble. . . . 22,500,000 fr.

Soit un bénéfice de 11,250,000 pour chacune des deux Sociétés de Crédit mobilier que vous dirigez, bénéfice réalisé au préjudice de la Société des Ports de Marseille.

On dit que le bénéfice ainsi obtenu est si considérable, que vous ne le distribuerez pas intégralement ; une partie sera reportée à l'exercice suivant.

Convenez, Monsieur, que vous avez eu une singulière idée, vous, le représentant d'une Société immobilière, de vous faire le concessionnaire de la rue Impériale pour le compte de deux Sociétés mobilières. Ah ! tout le monde ne peut pas se permettre de telles anomalies sans s'exposer à de cruels mécomptes !

Mais point de récriminations ; permettez-moi seulement de vous redire le langage que tiennent vos amis les plus intimes.

Ils disent que vous avez soumissionné la rue Impériale de Marseille pour avoir l'appui de cette importante cité dans votre campagne contre le chemin de la Méditerranée, et afin d'obtenir plus facilement la section de Cette à Marseille, si utile à la ligne du Midi, pour continuer pendant encore trois années le système des recettes d'ordre transformées en dividende, et conserver pendant ce temps le compte d'établissement.

Ils disent encore que, pendant le séjour de Sa Majesté à Biarritz, vous avez préconisé l'utilité d'une grande société immobilière destinée à remanier les principales villes de France ; on ajoute qu'à cette occasion vous avez entretenu l'Empereur de la réunion que vous projetiez avec la Société des Ports de Marseille et que Sa Majesté a approuvé vos idées et une fusion entre les diverses Sociétés en question.

Mais ce que nul n'a dit, ce que nul n'a pu dire, c'est que cette approbation donnée à vos projets avait pour but de justifier la spoliation des actionnaires de la Société des Ports de Marseille. Il est évident, certain, pour tous, que si, dans un sentiment d'intérêt public, une adhésion a été donnée au projet de fusion que vous avez présenté, c'est à la condition absolue que tous les intérêts seraient respectés ; or, l'opinion publique stigmatise sévèrement l'acte que vous avez passé avec MM. Chaumont-Quitry, Crochard et Hardon ; l'opinion publique signale les, conditions de cette absorption comme contraires à l'équité, à l'honneur, et vos amis outragent la vérité, lorsqu'ils colportent une auguste adhésion à des projets de la nature de ceux que vous avez formés au préjudice de la Société des Ports de Marseille !

Chacun sait aujourd'hui que l'intérêt public est un prétexte que vous avez habilement imaginé pour justifier vos projets de fusion, et nul n'ignore maintenant que l'absorption à vil prix de la Société des Ports est la conséquence de l'acquisition onéreuse de la rue Impériale et de la hausse inconsidérée que vous avez imprimée aux actions de vos deux Sociétés de Crédit mobilier; nul ne doute que placé par cette hausse dans la nécessité de distribuer un dividende élevé, vous avez espéré trouver le bénéfice qu'il vous fallait dans les traités que vous avez passés avec MM. Chaumont-Quitry, Crochard et Hardon. Mais cette obligation, née de circonstances généralement blamées, ne saurait justifier, au point de vue de la morale et de l'équité, des conventions de cette nature.

Ah! si vous entendiez le langage que l'on tient, vous seriez effrayé de la gravité de vos actes ! Je sais qu'il y a des situations qui enivrent, qu'il y a un moment où la raison disparaît et où les notions du juste et de l'injuste sont oubliées et méconnues; mais ces moments sont passagers pour les esprits supérieurs. Les natures comme la vôtre savent s'affranchir des faiblesses vulgaires, et, je l'espère encore, vous ne serez pas au-dessous de votre réputation.

N'oubliez pas, Monsieur, que nous vivons dans un temps où les esprits troublés sont prompts à mal juger et mal interpréter les actes attribués aux hommes de finances! N'oubliez pas que la calomnie est toute puissante, et vous avez été témoin que malgré l'évidence, les erreurs les plus graves sont commises, les accusations les plus injustes sont formulées et qu'elles trouvent créance! Voyez, Monsieur, ce que seraient contre des financiers, des accusations fondées, justifiées, surtout lorsque ces accusations s'appliquent à des actes réellement fâcheux, actes qui intéressent des milliers de familles, actes qui consacrent la spoliation de mineurs, spoliation accomplie en compagnie de MM. Chaumont-Quitry, Crochard et Hardon!

Oui, Monsieur, les hommes sensés espèrent encore en vous, et ils croient que vous ne refuserez pas l'évaluation préalable des apports des diverses Sociétés que vous voulez réunir en une seule.

C'est dans cette espérance que je vous prie de me croire, Monsieur, votre très-humble et très-obéissant serviteur,

MIRÈS.

P. S. Je crois devoir reproduire l'article suivant publié par la *Semaine financière*, article dont les chiffres n'ont pas été contestés et qui établissent d'une façon saisissante les avantages inouis que M. E. Péreire a assuré à ses Sociétés, avantages que certainement M. Chaumont-Quitry n'aurait pas concédés, s'il n'avait pas été dirigé par la pensée de sauver du naufrage le traité Hardon, que M. Péreire a, dit-on, acheté trois millions !

ASSEMBLÉE DES PORTS DE MARSEILLE

L'assemblée des actionnaires de cette Compagnie a eu lieu le 25, sous la présidence de M. de Chaumont-Quitry.

La fusion de la Société des Ports de Marseille avec le Rivoli, les Magasins généraux et la Rue Impériale de Marseille a un caractère de gravité qui ne nous permet pas de l'examiner complétement, sans avoir à notre disposition le rapport présenté à l'assemblée qui explique les motifs qui ont déterminé le conseil d'administration de la Société des Ports à conclure son traité de fusion avec M. Péreire.

En attendant que le conseil d'administration fasse publier son rapport, nous pouvons seulement faire connaître nos premières impressions sur la simple audition du rapport et de la discussion à laquelle il a donné lieu.

Dans cette assemblée, dont la sténographie a recueilli les débats que nous pourrons, pensons-nous, reproduire dans notre prochain numéro, trois propositions, il importe de le constater, ont été présentées et le président de l'assemblée a refusé de les mettre aux voix.

La première demandait un ajournement, motivé par la gravité du parti à prendre.

La seconde, la nomination d'une commission chargée de faire un rapport à une assemblée nouvelle.

La troisième, l'admission, en principe, de la fusion, à la condition qu'elle serait précédée de l'évaluation et de l'expertise de l'actif et du passif de chaque Société, et que le capital social serait réparti, d'après le résultat de cette expertise.

Il y a d'autant plus lieu de s'étonner que ces propositions équitables n'aient pas été jugées dignes par M. Chaumont-Quitry d'être soumises au vote des actionnaires, que la faible majorité qui a voté la fusion prouve que l'assemblée aurait probablement accepté l'une des propositions précitées, si elle lui avait été soumise préalablement à la votation sur l'adoption du traité de fusion conclu par le conseil d'administration.

Pour qu'on puisse juger l'utilité d'un examen approfondi, nous faisons suivre ces réflexions sommaires des différentes appréciations que nous avons pu faire à la suite de la lecture rapide d'un rapport qu'il faut avoir sous les yeux pour en bien peser les termes et les conclusions :

Fusion projetée entre les Sociétés représentées par MM. Péreire d'une part et la Société des Ports de Marseille, représentée par MM. de Chaumont-Quitry et Crochard, d'autre part.

Les Sociétés de MM. Pereire sont :

Le RIVOLI (Compagnie immobilière) ;

Les MAGASINS GÉNÉRAUX

Et la RUE IMPÉRIALE DE MARSEILLE.

Voici le bénéfice de la fusion pour ces trois Sociétés en évaluant l'action de la Société fusionnée à 500 fr.

Noms des Sociétés.	Capital social primitif.	Somme attribuée dans le nouveau capital.	Bénéfice.
Société Rivoli.........	24,000,000	43,620,000 (1)	19,620,000
Magasins généraux......	12,500,000	15,849,000	3,300,000
M. Péreire (rue Impériale).	18,000,000	18,000,000	»
Bénéfice fait par les Sociétés Péreire........			22,920,000

(1) Voilà quelle est la division ou la répartition des 170,000 actions qui composent le capital de la Société projetée :

A la Société Rivoli...................	87,240	actions
A la Société des magasins généraux.....	16,698	»
A M. Péreire, rue Impériale...........	36,062	»
A la Société des Ports de Marseille......	30,000	»
Total...........	170,000	actions

Par comparaison, la Société des Ports de Marseille, dont l'actif social représente une valeur réelle bien supérieure, déduction faite du passif, reçoit seulement 30,000 actions de 500 francs soit. 15,000,000

Voici le bénéfice de la fusion pour les trois Sociétés de M. Péreire, en évaluant à 750 fr. les actions de la fusion :

Société Rivoli.	24,000,000	65,430,000	40,801,000
Magasins généraux.	12,500,000	20,000,000	7,500,000
M. Péreire (rue Impériale). .	18,000,000	27,000,000	9,000,000
Bénéfice fait par les Sociétés Péreire.			57,301,000

Par comparaison, la Société des Ports de Marseille reçoit seulement 30,000 actions d'une valeur de bourse de 750, soit 22,500,000

Voici le bénéfice de la fusion pour les trois Sociétés de M. Péreire, en évaluant à 1,000 les actions de la fusion :

Société Rivoli.	24,000,000	87,240,000	63,240,000
Magasins généraux.	12,500,000	24.198,000	11,698,000
M. Péreire (rue Impériale). .	18,000,000	36,000,000	18,000,000
Bénéfice fait par les Sociétés Péreire.			92,938,000

Par comparaison, la Société des Ports de Marseille, dont l'actif social représente, comme nous l'avons dit, une valeur bien supérieure à celle des autres Compagnies, reçoit 30,000 actions de 500 fr., soit au cours de 1,000. . . . . 30,000,000 fr.

C'est, ce nous semble, pour la première fois depuis que des réunions se forment entre des Sociétés, que nulle expertise n'est faite, nulle vérification, nulle constatation du passif et de l'actif des Sociétés, et que l'association se règle uniquement d'après des cours de bourse, base essentiellement imparfaite ou très-aléatoire.

Quant à la réunion, elle paraît faite au profit des trois Sociétés ou opérations dont la situation est la moins favorable au détriment de la Société la plus riche, la plus prospère, qui voit son acte attribué, dans une énorme proportion, aux intérêts représentés par M. Péreire.

Voici une situation de la Société des Ports de Marseille qui a été établie d'après des prix bien exagérés, nous voulons le croire, puisque ce sont ceux qui ont été adoptés pour la rue Impériale ; mais nous la reproduisons pourtant, parce que, même en la réduisant de moitié, elle montre clairement que la Société des Ports n'a pas été traitée avec justice.

SOCIÉTÉ DES PORTS DE MARSEILLE

ACTIF

333,806 mètres de terrains à 300 fr........	100,141,800 fr.
Constructions élevées.................	5,000,000
Dû par divers et en caisse.............	6,000,000
Ensemble.........	111,141,800

PASSIF

A la Ville et à l'État..........	6,000,000
Aux obligations..............	9,750 000
	15,750,000 fr.
Reste un actif net de...........	95,491,800 fr.

L'évaluation des terrains à 300 fr. le mètre est une estimation en harmonie avec les terrains de la rue Impériale achetés par M. Péreire à 300 fr. le mètre, soit, avec les frais d'enregistrement, les pertes d'intérêt et les frais d'administration, à un prix peu éloigné de 380 fr. le mètre.

Ce prix de 380 fr. serait naturellement, pour la Société nouvelle, de 570 fr. sur le prix des actions à 750 fr.

Le prix des terrains de la rue Impériale serait de 760 fr. le mètre pour les actionnaires qui achèteraient l'action de la Société nouvelle à 1,000 fr.

Si l'on considère que le prix des terrains de la Société des Ports entre relativement dans la combinaison sur le prix de l'action à 500 fr., pour 30 fr. le mètre ;

Sur le pied de 750 fr. l'action — pour 45 fr. le mètre ;

Sur le pied de 1,000 fr. l'action — pour 65 fr. le mètre, on est véritablement amené à cette conviction qu'il était strictement équitable de procéder à l'expertise préalable de l'actif et du passif de chaque Société, pour déterminer une juste répartition du capital entre les Compagnies fusionnées.

Ainsi que nous l'avons dit, ces appréciations ressortent des souvenirs que nous ont laissés la lecture du rapport et la discussion ; nous accepterons donc toutes rectifications qui nous seraient adressées, et nous rectifierons nous-mêmes les chiffres, s'il y a lieu, lorsque nous aurons sous les yeux le rapport et la sténographie des débats auxquels le rapport a donné lieu.

E. BARAS.

La lecture du rapport et la communication du traité, a confirmé toutes les appréciations qui précèdent.

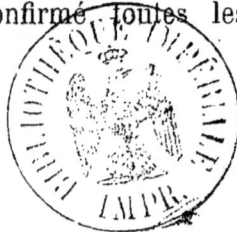

Paris. — Imprimerie VALLÉE, 15 rue Breda.

www.ingramcontent.com/pod-product-compliance
Lightning Source LLC
LaVergne TN
LVHW020056090426
835510LV00040B/1699

* 9 7 8 2 0 1 9 5 8 3 1 2 5 *